Sylvanus Mulowayi Wa Kayumba

LA FIDELITE DE LA TERRE

Sylvanus Mulowayi Wa Kayumba

LA FIDELITE DE LA TERRE

Retour à l'Agriculture

Éditions Croix du Salut

Imprint

Any brand names and product names mentioned in this book are subject to trademark, brand or patent protection and are trademarks or registered trademarks of their respective holders. The use of brand names, product names, common names, trade names, product descriptions etc. even without a particular marking in this work is in no way to be construed to mean that such names may be regarded as unrestricted in respect of trademark and brand protection legislation and could thus be used by anyone.

Cover image: www.ingimage.com

Publisher:
Éditions Croix du Salut
is a trademark of
Dodo Books Indian Ocean Ltd., member of the OmniScriptum S.R.L Publishing group
str. A.Russo 15, of. 61, Chisinau-2068, Republic of Moldova Europe
Printed at: see last page
ISBN: 978-613-7-37642-3

LA FIDELITE DE LA TERRE

Sylvanus MW

LA FIDELITE DE LA TERRE

INTRODUCTION

Il existe trois types d'agriculture :

- Celle de survie,
- Celle de production et
- Celle de négoce ou industrielle.

J'aimerais me référer à mon cours de géométrie analytique, où nous avons :

- Le point,
- Le segment de droite et
- La droite qui donne finalement toutes les coniques.

On ne peut pas commencer par l'agriculture de négoce en sautant la houe et la charrue.

On ne peut directement à l'université parce que l'on est fils au recteur en passant outre l'école gardienne, l'école primaire et l'école secondaire à la fois.

Nous n'avons pas besoin de tracteurs en République Démocratique du Congo comme ce l'était avec le projet de Bukangalonzo de triste mémoire qui a fait coulé beaucoup d'encre et de salive.

La terre est plus qu'une calculatrice, elle additionne et multiplie la semence qu'elle reçoit tout en respectant son espèce.

Elle est comme une mère qui prend soin du fœtus, juste après la fécondation alors que la semence vient de l'homme.

Il en est ainsi, la semence vient du jardinier qui ne la dépose pas dans sa bouche, mais il prend le risque de la mettre dans le sol et attendre apparaître du même endroit une brindille. Elle sortira comme un rejeton et petit à petit elle sera arrosée et sarclée afin de produire du fruit en abondance.

Cela montre combien la terre est fidèle en ce qu'elle produit. Elle respectera la semence et l'espèce y afférente.

La nature obéit à Dieu mieux que l'homme créé à son image et à sa ressemblance.

Les saisons se suivent automatiquement comme le pilote suit sa trajectoire en système automatique.

Le matin personne ne réveille le soleil et la nuit la lune et les étoiles sont naturellement et fidèlement au rendez-vous.

« *Le bœuf connaît son possesseur, Et l'âne la crèche de son maître: Israël ne connaît rien, Mon peuple n'a point d'intelligence.* » Esaïe 1 :3

L'intelligence est définie ici comme de la fidélité envers Dieu.

Il y a un code de route à suivre pour rouler sans accident car on n'est jamais seul sur la chaussée.

Pour qu'une semence se reproduise, il faudra d'abord labourer le sol sur lequel elle sera déposée !

La seconde chose à respecter, c'est la saison des semailles. Et la troisième chose est le respect des conditions climatiques, car il y a certaines semences qui ne poussent pas ailleurs !

Dans la société traditionnelle, où tout cela n'était pas enseigné, on produisait pour chaque village et il y avait toujours de la réserve.

La terre n'a jamais menti. Elle retourne ce qu'elle reçoit. Elle n'est pas comme un singe qui récolte là où il n'a pas planté.

Et nos ancêtres vivaient de :

- La cueillette
- La chasse
- La pêche
- L'agriculture
- La transformation manuelle des produits des champs.

Dans nos villages, il n'y avait pas de voleurs, de chômeurs et de locataires.

Tout le monde avait un petit champ et une petite case.

Le problème a commencé quand nous avons quitté le village pour la ville. Et les bonnes habitudes ont changé et sont tombées dans le panier des oubliettes et des cellules.

Quand quelqu'un parle trop de son passé, ce qu'il regarde dans le rétroviseur de son véhicule de la vie et ne sait plus rentrer dans le temps pour parfaire.

Il se rend compte qu'il a perdu beaucoup de temps dans la distraction avec les conserves et les produits congelés.

Tout est pâle et âpre pour lui et le temps ne l'attend pas et ne peut revenir.

Nous avons eu des ministres de l'agriculture qui n'ont jamais eu même un petit jardin dans leur parcelle.

Ils utilisent l'ordinateur et le tracteur alors qu'ils n'ont jamais touché la houe, la pioche et le râteau.

On ne peut pas conduire un tracteur sans avoir conduit dans le passé une pirogue, une brouette, un chariot et un vélo.

Il y a une trajectoire à suivre dans la vie. Et cela est opposable à tous.

Quand on doit se laver, on frappe à la porte de la douche ou de la salle de bain et non à celle de la cuisine.

On appelle cela les rites !

Un rite est une règle de routine qui demeure dans les habitudes.

Par exemple, chez nous en Afrique, on ne se lave pas les mains avant les aînés à table avant et après le repas.

Nous n'avons pas respecté les rites de l'agriculture en République Démocratique du Congo, mon pays dans le domaine de l'agriculture qui est une activité de base pour nos populations.

Nous avons fuit les villages pour les villes où nous nous retrouvons :

- Chômeurs avec des grands diplômes dans nos tiroirs,
- Mendiants avec la main tendue vers la diaspora,
- Politiciens de mauvais goût,

- Adeptes de la corruption et de la légèreté, etc.

L'heure est venue où nous n'allons plus continuer à construire la pyramide à partir du sommet.

Il y a plus d'universitaires que de techniciens, plus de professeurs que d'élèves et les mots ne s'arrêtent qu'aux déclarations et aux discours. Et le temps qui ne respecte personne continue sa trotte sans rétroviseur !

Retournons à la terre qui n'a jamais menti. Elle est fidèle en tout et pour tout.

Elle nous donne le jour et la nuit, les saisons, l'oxygène, la propriété, les champs et les forêts.

Et au dernier jour, elle nous ouvre une petite place pour notre dernier rectangle.

Dans cet exploit, nous allons encourager l'administrateur et le sujet, le fort et le faible, le riche et le pauvre à retourner à la terre et de commencer la spirale du développement par la base de la pyramide et non par le sommet comme nous allons voir dans la suite de ce présent livre patriotique.

On peut continuer à voir des tracteurs qui n'ont jamais roulé plus de 2.000 kilomètres en panne devant les bureaux du ministère de l'agriculture en province.

La houe est plus souple que le tracteur et ne tombe pas facilement en panne. Mais le tracteur est venu avec la technique des engrais et des codicilles qui nous écarte du naturel et du spontané.

Tout est artificiel, simulé et guindé !

Nous avons encore de la bonne terre en République Démocratique du Congo et pourrions commencer par là en famille, dans la société traditionnelle avant de parler des tracteurs et des engrais chimiques.

Il y a bien de pays qui ont réussi dans le domaine de l'agriculture, prenons courage et allons pour un temps apprendre chez les autres et formons et disposons beaucoup de techniciens pour le besoin de la cause en changeant carrément le fusil d'épaule dans la simplicité de cœur car l'orgueilleux finira sa course dans le ravin.

Que chaque famille, chaque entité social, chaque église et chaque province ait des champs selon la mesure des moyens et de la disponibilité de ses membres.

L'Auteur

RETOURNONS A LA TERRE

Le travail de la terre vient après celui de la cueillette dans l'histoire de l'agriculture.

La première occupation de l'homme selon la Bible est celle de la culture de la terre, comme il est écrit :

« *L'Éternel Dieu prit l'homme, et le plaça dans le jardin d'Éden pour le cultiver et pour le garder.* » Genèse 2 :15

Adam, notre ancêtre commun fut placé dans le jardin que Dieu planta afin de :

- Le cultiver et de
- Le garder.

Telle fut la première mission de l'homme dans le Jardin d'Eden.

Adam n'était ni pêcheur, ni chasseur et encore moins ni mineur ou tailleur des pierres. Il fut un agriculteur car la terre additionne et multiplie la semence reçue dans le strict respect de son espèce.

Il y avait un cours d'eau divisé en 4 bras qui traversait le Jardin d'Eden, mais Dieu ne demanda point à Adam de faire la pêche !

Pourtant, il y avait des poissons et des amphibiens !

La conservation de la nature ne peut tenir le coup dans cet âge de grande vitesse et de haute technologie qu'avec la promotion de l'agriculture !

La seule manière de garder nos forêts est de retourner à la culture de la terre !

Il devait ainsi cultiver la terre en additionnant et en multipliant la semence et en entretenant le jardin.

Ce n'était pas une forêt, mais un jardin.

Et il y avait aussi un cours d'eau pour assurer au besoin l'irrigation et rentabiliser la production.

C'est là que nous devrions rentrer pour un nouveau départ.

FAUX DEPART

Le faux départ est un terme utilisé en athlétisme dans les courses de fond telles que celles de 100 mètres, 200 mètres et même 400 mètres.

Il consiste dans le fait qu'un ou plusieurs athlètes amorcent la course légère avant le coup d'envoi.

J'ai personnellement assisté dans ma jeunesse, à l'école secondaire pendant des manifestations locales ou interscolaires.

Et une fois qu'un des athlètes s'engeait dans la course avant le coup d'envoi, celle-ci était annulée pour tous et ils devaient rentrer à la ligne de départ pour recommencer.

C'est bien cela qui est arrivé à beaucoup de pays pauvres ou en voie de développement, malgré les richesses naturelles du sol et du sous-sol.

Il y a eu aussi un faux départ en République Démocratique du Congo, mon pays.

Triste réalité !

Morose constatation !

En parcourant l'encyclopédie libre sur Wikipédia en ligne, je suis tombé sur cette triste réalité dans mon pays !

Selon la source susmentionnée, la superficie potentielle de terres cultivables en République Démocratique du Congo est estimée entre 80 et 120 millions d'hectares, dont 10 % seulement seraient exploités.

Ces terres sous-exploitées attirent la convoitise de pays étrangers.

La forêt couvre 55 % environ du territoire national, mais la culture sur brûlis nous fait perdre quelques centaines d'hectares de forêt chacun année.

C'est cela le faux départ congolais. Nous continuons à pratiquer la culture sur brûlis qu'Adam ne faisait pas !

Evidemment, c'est le chemin de moindre résistance. Le cours d'eau doit arriver à la mer en contournant les obstacles.

Et nous détruisons notre propre héritage comme un fou qui se blesse avec des morceaux de pierre et en jette à ceux qui lui interdisent cette sale besogne !

Rentrons au point de départ et concertons ceux qui ont fait la science de la culture de la terre pour un nouveau départ plus adapté aux réalités de notre pays.

Diriger c'est naviguer dans la piscine de :

- La préparation
- La planification et
- La programmation.

Nous avons nos propres défis à relever dans notre pays dont le sol et le sous-sol appartiennent à l'Etat qui n'est pas capable de vulgariser le bonheur qui devait en découler depuis plus de 60 ans d'indépendance !

Et cela doit commencer à la base et non au sommet comme on confond souvent la République Démocratique du Congo à la Ville de Kinshasa.

Il faudra une mise à niveau à tous les niveaux dans le pays. C'est là que j'invite les Organisations Sans But Lucratif à accompagner la population par famille ou par regroupement des familles.

Un faux départ se manifeste par le non respect des termes et conditions à remplir et à respecter pour le succès des deux ou plusieurs parties appelées à travailler ensemble.

Il fallait commencer par la culture de la terre à la houe, en famille, en société et dans toute la nation.

Le prix d'un seul tracteur qui va quelques mois plus tard se retrouver garé devant les bureaux du Ministère de l'Agriculture peut couvrir l'achat des houes, machettes, râteaux et semences pour toute une société.

Nous avons préféré commencer par le sommet de la pyramide et voilà que tous les congolais cherchent à venir à Kinshasa alors que les anciens et natifs de Kinshasa cherchent à aller à l'étranger.

Dieu nous a donné des richesses qui nous dépassent et même le programme d'étude secondaire et universitaire en République Démocratique n'arrive pas à nous mettre à niveau !

Que faire ?

Bonne question.

Il faudra rentrer à la ligne de départ afin de commencer sur ce qui ne demande pas un apport extérieur. C'est cela le principe de l'auto-prise en charge.

Chaque famille devra avoir un jardin et même un champ pour tous ceux qui ont plus d'espace. Savez-vous qu'un noyau de mangue jeté aujourd'hui est un manguier enterré une année plus tard et tout un verger englouti dans une décennie ?

En faisant le bilan individuel sur une période de 40 ans, voyez-vous combien de vergers nous avons engloutis dans notre inconscience et notre innocence aveugle.

Et que dire sur le nombre des vergers perdus pendant plus de 60 ans d'indépendance dans tout le pays ?

A vous de me le dire.

Je l'ai toujours dit et je ne cesserai pas de le dire !

Si l'on donnait 100 $ à :

- Un chien,
- Un chat ;
- Un porc et
- Une souris.

Il va se produire 4 types de réactions simultanées :

- Le chien paiera des os du montant reçu avec joie.
- Le chat achètera du lait à la valeur du même montant.
- Le porc ira se procurer de la boue de la valeur de la somme susmentionnée.

- La souris va ronger le billet de 100 $ le même jour.

La zoologie sociale ainsi que la botanique sociale nous enseignent tour à tour le comportement des personnes humaines créées à l'image et à la ressemblance de Dieu par l'observation ainsi que l'examen profond des actions et des réactions des uns et des autres.

Nous ne venons pas à l'instar des militaires sur le champ de bataille. Bien au contraire, comme un agent qualifié, nous nous disposons à donner des conseils patriotiques comme ce l'était le soir autour du feu dans nos villages.

Il faut un testeur électrique avant de changer de phase dans la boîte d'arrivée. Et nous voyons que les phases de l'agriculture étaient inversées.

Il faudra les remettre en ordre en commençant par :

- La phase de la consommation,
- Celle de la production au niveau national et
- Celle d'exportation.

Nous ne pouvons pas accepter que certaines familles manquent à manger dans nos villages alors que nous vendons le produit alimentaire dans les autres provinces et cherchons même à en exporter une partie.

Le plan de la réussite de l'auto-prise en charge s'inscrit dans le principe de la spirale.

Je la définis comme une loi de la circonvolution partant de l'individu, pour traverser la famille et atteindre ainsi la société et toute la nation.

Même quand l'on conduit un véhicule à boîte de vitesse manuelle. On n'engage pas la deuxième et à la troisième vitesse avant d'engager la première.

Garer le tracteur et commençons à la base avec la houe, la machette et la hache. C'est plus facile car la main d'œuvre est bien disponible dans toutes les provinces de la République.

Nous avons des ingénieurs agronomes.

Cela est une bonne chose, mais nous devrions aussi former des techniciens agronomes afin qu’ils puissent accompagner les autochtones depuis la base.

C’est aussi ce que j’appelle, le principe ou la loi de la régulation.

Le thermostat d’un congélateur constitue son système de régulation qui le garde et le protège pour un bon fonctionnement.

Quand la température atteint le seuil de refroidissement, le thermostat arrête le congélateur qu’il remettra en marche quand elle va monter plus tard.

Même un véhicule, il faut des amortisseurs pour bien rouler sur de mauvaises routes.

Nous devrions rentrer à la terre en commençant par la houe individuellement et collectivement avant d’aller à la charrue et au tracteur en temps opportun.

TERRE ARTIFICIELLE

Paradoxe de la vie !

Etrangeté des faits !

Chicane agricole !

Ceux qui n'ont pas de bonne terre font plus et font pousser le champignon sur des copeaux de bois alors que nous qui avons beaucoup de terre fertile importons presque tout sans motif de la cause.

Nous avons les pieds dans l'eau et supplions aux pèlerins inconnus dans le désert de nous apporter à boire !

Quelqu'un me dira qu'il n'y a plus d'espace dans nos parcelles pour y faire même un petit jardin. Moi, je lui dirais que l'impossible est fait de beaucoup de choses qui sont possibles à réaliser.

Ma réponse est donnée en image sur la page qui suit pour vous dire que quand il y a de la volonté, la solution vient d'une manière ou d'une autre.

Nous passons beaucoup de temps ailleurs et de fois dans des futilités alors que ce que nous cherchons est en face de nous.

Les autres ont essayé sans beaucoup de bruit et dans la sagesse. Ils y sont arrivés et nous présente le fruit de leur bonne disposition par leur savoir-faire.

LA CULTURE DE TOMATE DANS LE POT

Au lieu de nous plaindre, mettons-nous au travail pour utiliser chaque cm^2 de notre parcelle pour une bonne cause.

Les légumes à fruits peuvent aussi se planter comme des fleurs dans des pots remplis de bonne terre car en ville la parcelle est devenue réduite.

Ceux qui nous dirigent en matière de l'agriculture devront comprendre la tâche qui leur incombe comme je l'avais souligné plus haut.

Oui, le sol et le sous-sol de la République Démocratique du Congo appartiennent à l'Etat.

Il va sans le dire que l'Etat devra s'en occuper pour la consommation, la production et l'exportation des produits alimentaires par l'organisation de l'agriculture manuelle, semi-industrielle et industrielle.

Reconnaissons notre précipitation qui a entraîné un faux départ dans le domaine de l'agriculture dans notre pays qui a un sol et un sous-sol riche.

Comment recourir aux minerais cachés et enfouis dans le sous-sol que l'on ne voit pas alors que nous crachons sur le sol riche que nous voyons.

Pour faire 1000 kilomètres, il faudra bien commencer par poser un premier pas.

Ce pas décisif se cache derrière la houe qui ne tombe pas facilement en panne et qui est bien facile à manier et à transporter.

Selon Wikipédia en ligne, il y a presque 45 habitants par km^2 en République Démocratique du Congo.

En faisant minutieusement le calcul, chacun habitant aura minimum 2 hectares pour faire sa maison d'habitation et son petit jardin.

Dans ce présent exploit je m'abstiendrai de mentionner la pêche, la chasse, l'élevage et l'exploitation minière.

Du temps d'Adam, il y avait du poisson dans les eaux, du gibier et des minerais tels que l'or, le bdellium et la pierre d'onyx.

Il pouvait commencer par les carrières et les mines pour s'enrichir facilement.

Il fut conduit par Dieu vers les travaux de champ qui firent de lui le premier gestionnaire du Jardin d'Eden.

Pour notre autosuffisance alimentaire, retournons à la terre qui ne ment pas et qui est plus fidèle que nous les hommes.

La terre n'est pas seulement fidèle mais elle est aussi un couloir de l'addition, de la multiplication du produit qu'elle reçoit.

C'est un facteur de l'augmentation du produit y placer par l'agriculteur.

La seule précaution à prendre est celle de respecter les saisons et les lieux.

On ne triche pas avec les lois naturelles. Elles sont têtues et obstinées.

QUE FAIRE ?

Bonne question.

Il faudra accepter que nous ayons rencontré un cas de faux départ et il faudra rentrer nous réconcilier avec la terre.

La réparation va nous prendre plus de temps que l'entretien.

Oui, le mot entretien est plus remplacé dans nos langues locales par la réparation.

C'est quand les tracteurs se sont arrêtés pour ne plus reprendre le chemin de la ferme que nous avons finalement compris qu'il fallait les entretenir en temps réels.

Nous avions privilégié le domaine des mines en crachant sur l'agriculture et aujourd'hui, nous donnons raison à notre passé, alors que le temps ne sait pas nous attendre.

Rentrons au point de départ et travaillons avec un système des fiches d'intervention journalière afin de ne pas tomber dans le même petit trou.

Nous devrions retourner à la société traditionnelle qui a façonné en son temps nos aînés au lieu de prendre des photos à poster sur les réseaux sociaux à côté des tracteurs en panne.

Ces femmes n'ont pas besoin de tracteur. Elles ont compris qu'en attendant le tracteur, la houe peut facilement jouer un rôle non moins important et remplir le grenier familial.

Et si toutes les familles pouvaient suivre cette initiative, car la terre est gratuite pour un petit champ chez nous en République Démocratique du Congo.

Si l'on se sert de deux mains pour tuer une petite puce, à combien plus forte raison ne nous rassemblerons-nous pas pour exploiter le sol avant de penser au sous-sol et aux eaux ?

Nous sommes fatigués d'entendre de beaux discours et nous voulons voir un travail bien fait et bien rémunérer !

J'ai vu mon père nous élever avec sa houe et son vélo.

Il travaillait à la grande Société Minière du pas mais il n'avait pas rejeté sa houe et son vélo.

Nous mangions 3 fois par jour et nous étions plus d'une dizaine.

J'ai étudié plus que lui. Je suis toujours bien habillé et j'ai eu plusieurs voitures sans compter celle que je roule pour le moment.

Triste réalité !

Nous ne mangeons que 2 fois chez-moi, le matin et le soir !

A quoi servent ses gros diplômes arrachés à prix du sang qui coule dans nos veines ?

Nous étudions pour devenir des chômeurs ou des garçons de course de ceux qui n'ont même pas terminé le cycle secondaire.

On ne va pas à l'école pour apprendre l'histoire des pays développés, mais pour contribuer à l'édifice de sa propre vie, celle de sa famille et celle de la société dans laquelle nous vivons.

Si papa l'avait fait mieux que moi. Pourquoi m'entêter dans ce brouillard de la théorie ?

La semaine prochaine, je vais acheter un vélo ou une moto et je vais rentrer à l'école de mon père en attendant les beaux jours que produiraient mes diplômes !

Et je rassemblerai mes forces une année plus tard pour venir au même endroit vous dire que l'on a commencé à manger 3 fois par jour et qu'il y a quelque chose qui reste dans le grenier comme ce l'était avec mon père.

Mon géniteur était un grand professeur sans tableau et sans frottoir. Il ne nous donnait pas de syllabus. Tout était écrit à l'encre de sa constance et de sa patience dans nos cœurs.

Aujourd'hui les jeunes ont tout rendu spirituel en croyant qu'il y a des démons de chômage !

Ils les chassent chaque matin et chaque soir mais continuent à crever de faim derrière les séances de jeun et prière !

Les démons existent, mais il y a plus d'anges que ces monstres de malheur.

Faisons le bon choix. Restons dans la présence de Dieu. Cultivons le bien, le pardon et la réconciliation et nous récolterons la paix et l'allégresse.

La terre est un facteur d'addition et de multiplication qui génère la prospérité et la majesté.

Evitez de vivre une vie de mendiant ou de clochard. Faites tout ce que votre main peut faire dans le strict respect des lois de Dieu et des hommes.

Respectez les limites de vos droits et remplissez avec joie vos devoirs.

Réfléchissez deux fois avant d'avancer une fois !

Soyez humbles et respectez les conditions et termes de tout ce que vous entreprenez.

Tout travail bien fait produit de l'abondance et je vous prie de bien vouloir retourner à la terre. Et si vous n'avez pas de temps trouvez un jardinier et plus tard un fermier.

Je vous rassure que vous me donnerez raison d'ici une année.

Il y a beaucoup de problèmes pour très peu de solution dans mon pays. Et cela me fait penser à l'ancien Président de la République Mzee Laurent Désiré qui nous demandait de nous prendre en charge.

Il avait bien raison de le dire. Il faut se prendre en charge pour aller plus loin dans mon pays.

Malheureusement, le temps ne le lui avait pas permis d'accomplir son rêve !

Son successeur, la Président Joseph Kabila nous a introduits dans les 5 chantiers et dans la modernité et cela n'a pas fini la misère du peuple congolais.

Enfin, le Président actuel Félix Antoine Tshisekedi nous parle du peuple alors !

C'est une bonne chose avec quelques actions sur terrain. Mais j'aimerais souligner que le peuple devra retourner à la terre pour mieux se prendre en charge et s'épanouir.

En retournant au travail de la terre, on se rend compte qu'il y a un problème des routes de desserte agricole à régler. Sinon les produits agricoles pourriront dans les villages.

Il ne suffit pas de travailler la terre, mais après la consommation locale, il faudra aller vers les centres urbains avant de parler de l'exportation et de la transformation.

C'est comme cela que s'ouvre cette spirale du développement rural et qui plus est, l'élevage pourra aussi être organisé depuis la base ainsi que la pêche et la pisciculture.

LA SPIRALE DE LA GESTION DE LA TERRE

On ne peut pas gérer quelque chose plus fidèle que soi !

L'homme prétend aimer Dieu et paradoxalement il obéit naturellement au diable qui le combat jour et nuit !

La terre qui lui soumise est fidèle à Dieu depuis les temps de sa création.

Elle obéit en tout et pour tout aux paroles reçues de la part de Dieu. Elle accueille la semence, la garde, l'additionne et la multiplie avant de la présente devant le jardinier et le fermier !

Elle supporte le poids des hommes, des bêtes et des engins fabriqués par les hommes.

Les scientifiques sont partis dans l'espace et jusqu'à preuve du contraire, il n'y a nulle part où la vie de l'homme est possible en cette carcasse.

La terre est un don remis à l'homme par Dieu lui-même. Si on n'exploite pas le sol convenablement, pourquoi aller creuser les minerais dans le cœur de la terre alors que l'addition et la multiplication nous sont données dans le sol.

Et si l'Etat est le fameux possesseur du sol et du sous-sol, qu'il soit fidèle à sa mission comme son assujettie !

La terre est plus détruite que conservée par son propre maître qui récolte comme un singe dans les arbres d'un verger au propriétaire inconnu !

Le propriétaire de la terre la détruit davantage avec ses multiples inventions.

L'homme détruit la terre comme un fou qui se blesse avec des pierres sans avoir pitié de lui-même.

Il coupe plus d'arbres qu'il n'en replante et se plaît derrière le silence de son inconscience en ce temps de haute technologie et de grande vitesse.

Quand on est maître d'un héritage pour lequel on n'a pas travaillé, on est distrait et on ne sait pas évaluer sa vraie mesure.

Qu'est-ce l'homme a fait pour devenir le maître de la terre ?

Rien !

Que fait-il en ce moment où la terre est menacée par le gaz carbonique qui provient des engins qu'il a fabriqués pour gagner le temps qu'il n'a jamais rattrapé ?

Rien !

Où ira-t-il après avoir complètement détruit cette planète merveille sans égale dans l'univers ?

Nulle part !

Les déchets chimiques et atomiques ont pollués plusieurs zones de la terre et des eaux, sous le silence égoïste et hypocrite des apprentis sorciers.

Rentrons à la culture et à la protection de la terre selon la mission donnée à Adam.

Cultivons la terre et gardons-la. Telle est la mission que Dieu nous a donnée pour vivre heureux et prospère sur cette terre.

Chaque plante coupée devra être remplacée par deux ou trois autres. Et je souhaiterais que le reboisement se fasse avec des arbres aux fruits comestibles afin de vulgariser l'alimentation naturelle.

LES ROUTES DE DESSERTE AGRICOLE

Cette photo me rappelle mon père qui nous fait étudier avec sa houe et son vélo loin des promesses et de beaux discours des ministres de l'agriculture et pêche.

Il se levait très tôt le matin et se coucher tard dans la nuit.

Nous sommes fiers de lui car il a fait ce que le tracteur aurait bien dû faire !

Ce n'est plus le moment des paroles mais celui des actes concrets pour le progrès individuel et collectif.

Quand le vélo est trop chargé, on descend pour le pousser à la marche d'homme fatigué. Et en ce moment-là, l'homme ne doit plus parler. Il devra garder silence car un oiseau qui construit son nid peut faire tomber la tige dans le bec en voulant se justifier.

C'est l'école du silence et de la méditation d'un homme qui se dépense pour sa femme et pour ses enfants. Car personne d'autre ne pourra aimer ta femme et tes enfants plus que toi-même !

Le travail est une force qui se déplace. Et cette force devient grande quand la vitesse diminue. C'est de la physique dans le chapitre du mouvement rectiligne uniforme qui me rappelle mes 15 ans !

Quand on est surchargé, on réduit la vitesse et on garde silence afin de bien rassembler ses forces et avancer lentement mais sûrement.

AUTO-PRISE EN CHARGE

Quand l'administrateur dort encore, réveille-toi et invite ceux qui sont disponible à résoudre les problèmes locaux loin de la télévision et de la radio.

La politique nous a beaucoup distraits en République Démocratique du Congo. Nous connaissons ce qui ne vous avance à rien et ignorons ce que nous mangerons le surlendemain.

Il n'y a aucune personne élevée en dignité sur cette image susmentionnée pendant les travaux de cantonnier en plein exécution.

Il ne faudrait pas se comporter comme une colombe en République Démocratique. Selon la zoologie sociale, il faudra être comme un aigle. Il faudra avoir une vue de loin et savoir voler dans les hauteurs avec ses petits sur les ailes.

Nous devons apprendre aux nôtres à voler ensemble avec nous et à fuir le mal de loin.

En attendant que les tracteurs éparpillés soient réparés et que l'on en achète d'autres, nous et les nôtres, retournons à la culture de la terre avant d'y ajouter l'élevage et la pêche.

Le fils au cultivateur ne pourra pas de fin si son géniteur a respecté les types de semences et de saisons.

« *Tant que la terre subsistera, les semailles et la moisson, le froid et la chaleur, l'été et l'hiver, le jour et la nuit ne cesseront point.* » Genèse 8 :22

C'est une loi de la nature confirmée par Dieu lui-même à Noé et durera tant que la terre subsistera.

Ainsi nous devrions comprendre que nous sommes appelés à cultiver la terre dans le strict respect des semences et des saisons.

Et là où il n'y a pas de routes de desserte agricole, nous devrions nous prendre en charge en attendant des jours meilleurs.

Il n'est une chose facile de vivre dans un pays où la distance entre l'administrateur et l'administré est si grande comme c'est le cas en République Démocratique du Congo.

Seule l'auto-prise en charge pourra réduire lentement mais sûrement ladite distance ainsi que le temps de réponse y afférent.

La marche à pieds, la brouette, le chariot, le vélo et la moto ont tour à tour répondu au besoin de la prise en charge en République Démocratique du Congo ainsi que dans certains pays en voie de développement dans le monde.

La moto en ces jours est devenue une solution dans les centres urbains et dans les coins reculés.

Je salue le courage et l'auto-prise en charge des jeunes congolais qui ont abandonné leurs diplômes dans les tiroirs pour se servir de la moto afin de combattre les embouteillages et les bouchons dans les centres urbains et contourner la difficulté des routes de desserte agricole en milieu rural.

La moto est partie plus loin dans son usage rédempteur en République Démocratique du Congo pour servir même dans le transport à longue distance des cadavres !

LA MOTO TRANSPORTE TOUT CHEZ NOUS

Dans certains coins de notre pays, pour les longues distances avec l'état des routes intérieures, la moto bouche le creux des bouchons et face à l'état trop précaire de nos routes rurales en facilitant la tâche aux familles éprouvées.

Ne baissons pas la garde car ce n'est pas pour demain le jour meilleur pour tous.

Le courage exceptionnel des motoristes en République Démocratique du Congo doit nous interpeler dans les autres domaines tels que : l'agriculture, la pêche, la pisciculture et la transformation des produits naturels.

Allons-y étape par étape comme s'ouvre une spirale en parlant moins et en travaillant plus.

L'homme tiré de la terre doit travailler et produire comme sa source.

Ce n'est plus le temps de suivre un dessin animé à la télévision avec les enfants.

C'est l'heure du travail bien fait pour un salaire satisfait et promettant.

Oublions les promesses de beaux discours des administrateurs et allons-y à deux ou plusieurs avec les moyens de bord pour relancer le développement du pays en commençant par la base.

Nous avons appris autre chose au hasard à l'école et faisons autre chose dans la vie pratique.

Il y a plus de professeurs que d'élèves dans la classe qui écrivent au charbon noir au tableau noir sans frottoir !

Tout est sombre alors que dans le lointain s'allume une petite étincelle qui brille à peine.

Entre-temps, tenons-nous la main dans la main dans le communautarisme africain qui fait partie de notre culture qui fait la force de la négritude.

Dans nos villages, nous continuons à partager la nourriture même avec des étrangers sous la paillotte sans acception. Ainsi unissons-nous à la base comme un seul homme pour la relance de l'agriculture avant d'y ajouter d'autres domaines de développement rural.

CONCLUSION

Je ne suis pas un professeur d'agronomie pour continuer cet exploit sous cet angle-là. Mais j'aimerais inviter les agronomes qui tomberont sur ce livre à se joindre à nous pour une démarche effective de l'autosuffisance au lieu de passer du temps devant la télévision ou la radio à nous distraire avec les discours des politiciens de ce pays.

La politique et la ruse dorment dans un même lit et séparent ainsi ce que l'on dit de ce que l'on fait surtout en Afrique.

Quand on lave l'enfant, on ne jette pas l'eau sale avec l'assiette. On la nettoie et on la range bien pour l'utiliser le jour suivant.

Oui, nous devons faire une marche arrière afin de réparer notre faux départ qui nous a plongés dans cette toile d'araignée où tout a raison et nul n'a tort.

Au lieu de remplir les gradins des stades pour un match de football, retournons au travail de la terre car Dieu fait tomber sa pluie sur le champ du bon serviteur et du mauvais.

Les saisons se succèdent automatiquement pour le riche et pour le pauvre et un jour contient 24 heures pour l'administrateur et pour l'administré.

Prenons-nous en charge, même à l'Est de notre pays par famille, par quartier en dénonçant l'ennemi de la République afin de barrer la route à tous ceux qui sont prêts de nous arracher le peu de nourriture dans la bouche.

Le luxe est une opulence que le peuple congolais ne peut se permettre dans ce décor misérable dans lequel nous vivons depuis notre accession à l'indépendance.

Pendant que nous parlons de la politique dans notre pays, les autres peuples parlent du travail et du développement.

Nous prions dans les églises pour demander à Dieu ce qu'il nous a déjà donné.

Nous n'avons pas d'excuses car nous avons un sol et un sous-sol regorgeant des richesses dont la gestion nous échappe.

Fermons pour un temps les portes de l'université, à la honte de ceux qui croient que les diplômes transforment leurs détenteurs, pour rentrer à la terre et élever ainsi le linteau de notre patriotisme par un travail bien fait et mieux rémunéré !

L'Auteur

L'AUTEUR

Il s'appelle Sylvanus MULOWAYI WA KAYUMBA et préfère que l'on l'appelle la Fourmi du Seigneur.
Né un certain mercredi 02/10/1963, il est marié et père de 3 garçons et 2 filles.
Il tient en sa main une plume vielle de plus de 30 ans pour décrire le social, le divin et l'imaginaire dans un style du microcosme.

Ancien cadre de la Gécamines à Kolwezi, sa ville natale, dans la Province du Grand Katanga en République Démocratique, il possède un diplôme supérieur en hydraulique de l'Ecole Allemande des Ingénieurs et une autre en Théologie de l'Ecole Américaine.

Ancien acteur monologue et dramaturge des années 1983, il se voit attiré au Seigneur en 1986 par le vent contraire de la stérilité de sa tendre épouse Marie-Victoire MBOMBO dans l'Eglise NZAMBE MALAMU, conduite par l'Apôtre Ayidini ABALA, son Représentant Légal d'antan.

C'est là qu'il verra, larmes aux yeux comment Dieu transforma la stérilité de sa femme comme ce le fut dans le cas de Sarah, de Rachel, de Rebecca et d'Anne !

En signe de gratitude à Dieu, il prit ainsi la ferme décision de servir Dieu comme Aumônier Indépendant Civil.

Traducteur Assermenté et Polyglotte, il continue son parcours comme Auteur retenu aux Editions Universitaires Européennes avec un lot de plus d'une trentaine de livres dont certains ont été traduits en plus d'une dizaine de langues internationales.

Ami du faible et du démuni, il croit rassembler un jour les uns et les autres autour de la table de l'amour fraternel et de la fraternité.

Votre Serviteur

TABLE DES MATIERES

Sylvanus MW
You Tube: Dasylvah Only Jesus
Email: dasylvahmolvak@gmail.com

Printed by Books on Demand GmbH, Norderstedt / Germany